MELHORES POEMAS

Casimiro de Abreu

Direção
EDLA VAN STEEN

MELHORES POEMAS

Casimiro de Abreu

Seleção
RUBEM BRAGA

© Global Editora, 1985

2ª EDIÇÃO, 2000
1ª EDIÇÃO, 2007

Diretor Editorial
JEFFERSON L. ALVES

Projeto Gráfico
SÍLVIA CRISTINA DOTTA

Revisão
KIEL PIMENTA
SÍLVIA CRISTINA DOTTA

Dados Internacionais de Catalogação na Publicação (CIP)
(Câmara Brasileira do Livro, SP, Brasil)

Abreu, Casimiro de, 1837-1860.
Os melhores poemas de Casimiro de Abreu / Seleção de Rubem Braga. – 2. ed. São Paulo : Global, 2000.
– (Os melhores poemas ; 30)

Bibliografia.
ISBN 85-260-0339-9

1. Poesia brasileira 2. Poesia brasileira – Coletâneas
I. Braga, Rubem, 1913-1990. II. Título.

94-2407   CDD–869.9108

Índices para catálogo sistemático:

1. Coletâneas : Poesia : Literatura brasileira 869.9108
2. Poesia : Coletâneas : Literatura brasileira 869.9108

Direitos Reservados

 GLOBAL EDITORA E DISTRIBUIDORA LTDA.

Rua Pirapitingüi, 111 – Liberdade
CEP 01508-020 – São Paulo – SP
Tel.: (11) 3277-7999 – Fax: (11) 3277-8141
e-mail: global@globaleditora.com.br
www.globaleditora.com.br

Colabore com a produção científica e cultural.
Proibida a reprodução total ou parcial desta obra
sem a autorização do editor.

Nº DE CATÁLOGO: **1619**

Rubem Braga jornalista profissional desde 1932, foi correspondente do *Diários Associados de Minas* na linha de frente do Túnel da Mantiqueira, naquele ano, e do *Diário Carioca* durante a campanha da FEB na Itália. Autor de numerosos livros de crônicas, desde *O Conde e o Passarinho* (1936) até *Recado de Primavera* (1984), teve editados pela Global seus *Melhores contos*, selecionados e comentados por Davi Arrigucci Jr. (1985). Faleceu em 1990.

SUMÁRIO

Prefácio	9
A...	17
Canção do Exílio (Eu nasci...)	19
Minha Terra	21
Saudades	26
Canção do Exílio (Se eu tenho de morrer...)	27
Minha Mãe	30
Juriti	32
Meus Oito Anos	34
No Lar	37
Moreninha	42
Na Rede	46
Poesia e Amor	48
Deus!	51
Primaveras	52
Cena Íntima	54
Juramento	57
Segredos	59
A Valsa	62
Canto de Amor	68
Assim	72
Quanto?!	73

O que É — Simpatia 75

Pepita 76

Amor e Medo 78

Perdão 81

Minh'Alma é Triste 84

Infância 88

No Jardim 90

Horas Tristes 92

Dores 96

Desejos 100

Confissão 102

Goivos 105

Bibliografia 111

PREFÁCIO

Casimiro de Abreu nasceu a 4 de janeiro de 1839, o mesmo ano em que nasceriam Machado de Assis, Carlos Gomes e Floriano Peixoto. Cresceu em pleno fastigio do Romantismo; 16 anos mais moço que Gonçalves Dias, e 8 do que Álvares de Azevedo, foi fortemente influenciado por estes dois poetas. Basta dizer que escreveu mais de um poema sob o título "Canção do Exílio", o mesmo daquele em que Gonçalves Dias diz que "minha terra tem palmeiras onde canta o sabiá". Casimiro não fazia nenhuma questão de disfarçar essas influências, nem as de Almeida Garret, Victor Hugo, Musset, Lamartine, Byron, Richter... Para situar o leitor, lembrarei que depois de Casimiro é que vieram os românticos Fagundes Varela e Castro Alves, o primeiro 2 anos e o segundo 8 anos mais jovem do que ele.

Nosso poeta nasceu em Barra de São João, onde está enterrado em um lindo cemitério atrás de uma igreja, entre o rio e o mar. Seu pai era o português José Joaquim Marques de Abreu, que chegou ao Brasil em 1829 com 22 anos de idade e ganhou dinheiro com a exportação de madeira. Sua mãe era Luísa Joaquina das Neves, brasileira, baixinha, atraente e analfabeta, viúva de um português de nome Travanca, com quem se casara aos 13 anos, e de quem teve um filho. Travanca apareceu morto no dia 1º de janeiro de 1835 e pouco menos de um ano depois a viuvinha teve uma filha com outro português, o Abreu; Casimiro foi o segundo rebento, seguindo-se a ele outra menina.

O menino foi batizado em 1847, em Barra de São João. A essa altura o nosso Casimiro, na flor de seus 8 anos, vivia "à sombra das bananeiras, debaixo dos laranjais", vendo "as ondas beijando a areia e a lua beijando o mar" e "correndo pelas campinas

9

à roda das cachoeiras, atrás das asas ligeiras das borboletas azuis!" Naqueles tempos ditosos ele "ia colher as pitangas, trepava a tirar as mangas", e fazia tudo isso "pés descalços, braços nus." Como ele mesmo contou em versos.

Aos 10 anos de idade Casimiro é legitimado pelo pai, juntamente com as suas irmãs, e mandado a estudar em um internato de Nova Friburgo, do inglês Freese. Ali "... um dia tive saudades da casa paterna e chorei... as lágrimas correram e fiz os primeiros versos de minha vida... a saudade havia sido a minha primeira musa".

Aos 13 anos e meio, Casimiro é tirado do internato, onde fizera amigos, e mandado para o Rio, indo morar nos altos do armazém de um amigo de seu pai, onde faz as refeições com os empregados da casa, enquanto pratica escrituração mercantil. Era na rua Nova de São Bento, na mesma zona do Rio em que meu pai (fala R. B.) também morou assim, num sobrado, com outros caixeiros, estudando, e trabalhando embaixo, até ficar doente e ser mandado para o Espírito Santo.

Casimiro foi mandado para Portugal, pois o amigo de seu pai disse que o rapazinho não queria parar em casa nem estudar a sério, só queria passear, ir ao teatro, essas coisas. Há uma discussão enorme, atiçada por um livro de Nilo Bruzzi: Casimiro foi vítima de um pai rigoroso e cruel ou foi um estroina ingrato? Acho as duas coisas: Casimiro gostaria de estudar e não queria ouvir falar de comércio; quanto ao velho, é natural que ele quisesse que seu único filho homem fosse capaz de gerir seus negócios: e, afinal, ele financiou a publicação do livro do rapaz.

De qualquer modo, Casimiro foi mandado para Lisboa em novembro de 1853, e lá ficou três anos e meio sob as ordens de um tio e depois do próprio pai, que para lá fôra com as duas filhas. Casimiro perdeu muito tempo a fazer cópias de cartas comerciais, mas conseguiu se tornar conhecido nos meios literários.

Em 1856 (ele estava com 17 anos) teve uma cena dramática representada no Teatro de São Fernando, em Lisboa. (Possivelmente com financiamento paterno, mas a verdade é que a cena foi representada outras vezes, com agrados gerais, em Portugal e no Brasil, inclusive depois da morte dele e do pai; seu título era *Camões e o Jaú*).

O rapazinho brasileiro conseguiu ser acolhido nas melhores publicações literárias portuguesas, inclusive a *Ilustração Luso-Brasileira* e o *Almanaque de Lembranças*, em que escreviam Alexandre Herculano e Camilo Castelo Branco. Apesar de tudo isso, estava sempre a falar de saudades. Em "Minha Terra", poema de 1856, recorda, além do sabiá, a mangueira, o cajazeiro, a sapucaia, o gaturamo, o "tiê formoso da goiabeira no ramo" e declara: "se brasileiro eu nasci / brasileiro hei de morrer."

Vive ao todo, em Portugal, três anos e meio; volta doente e fraco em julho de 1857, trazido pelo pai. É mandado para junto de sua mãe, na fazenda Indaiaçu, onde passa algumas semanas a escrever poemas e se fortalecer. Em agosto (1857) volta para o Rio e para a mesma firma comercial onde trabalhara. Odeia, francamente, o trabalho mercantil. Faz relações com escritores, lê muito no Gabinete Português de Leitura, colabora no *Correio Mercantil* dirigido por Francisco Otaviano, e lá encontra Manuel Antonio de Almeida (autor, mais tarde, de *Memórias de um Sargento de Milícias*), Quintino Bocaiúva, futuro líder republicano, e Machado de Assis, que era revisor do jornal e nele também publicava poemas.

O Rio era uma cidade extremamante suja, onde a febre amarela e outras epidemias matavam muita gente. Mas havia cafés alegres, teatros, bailes. Em fevereiro de 1858, em carta a um amigo (Francisco do Couto Sousa Júnior, colega do Colégio de Nova Friburgo, morador em Porto das Caixas), Casimiro mostra que, apesar de seus poemas freqüentemente chorosos, é um rapaz tão carioca como qualquer outro: "O carnaval está brilhante. Ontem, estive no São Pedro até 3 horas da manhã; houve dança e pulos bravios."

Em outras cartas ao mesmo amigo ele queixa-se de não ter uma verdadeira namorada — "não acho pequena que goste de mim" — e de suas relações com o outro sexo limitarem-se "às mulheres que se fazem pagar a cinco mil-réis", e que ele chama de "mulheres de mármore", alusão ao título de uma peça teatral muito popular na época. Quer publicar logo seu livro de poemas; escreve ao pai pedindo dinheiro para isso e, como o velho custa a responder, ele fala em suicídio. Escreve ao amigo: "Tu não podes fazer uma idéia da dor que sinto por ter perdido a minha carreira e da triste vida que levo, com desgosto de família, com aporrinhação [*sic*] de todos os lados...". Confessa: "Eu tenho feito tanta asneira e gasto tanto dinheiro à toa que tenho medo de ir em dezembro à fazenda ajustar contas com o meu velho".

Por volta de dezembro de 1858, morre-lhe um primo e isso o abate e o impressiona. Diz que deseja ter a tísica, ir definhando liricamente... E tanto chora e reclama que o pai o dispensa de trabalhar no comércio. Vai morar numa república de estudantes, na rua da Quitanda. Em 2 de agosto de 1859, queixa-se: "O excomungado do meu volume ainda não saiu". Afinal, no dia 7 de setembro anuncia a publicação de *As Primaveras*, que haveria de ser um dos livros mais lidos de todos os tempos no Brasil.

Os elogios são unânimes; se alguns vêm acompanhados de restrições, estas não dão para entristecer o poeta, que diz no prefácio: "As minhas *Primaveras* não passam dum ramalhete de flores próprias da estação; flores que o vento esfolhará amanhã e que apenas valem como promessa dos frutos do outono".

Aí, nos fins de 1859 e começos de 1860, as coisas acontecem com velocidade. Morre primeiro um colega de turma, muito querido, Afonso Kasseder, a quem dedica uma elegia; depois,

Gonçalves Braga, que acabara de fazer um longo poema elogiando seu livro e que ele agradecera com outro poema ainda mais longo. Morre também Cândido de Macedo Júnior, o Macedinho, jovem de 16 anos, por quem ele tinha uma admiração profunda e um carinho imenso: dizia que ele haveria de ser "maior que Álvares de Azevedo".

Em meio a tudo isso, Casimiro fica noivo de uma jovem que vive em São Domingos, Niterói, e é irmã de um amigo seu. É Joaquina de Alvarenga Silva Peixoto, mais moça do que ele dois anos. É a Quinquina, a quem dedica vários poemas. Escreve ao amigo do Porto das Caixas: "O meu sonho hoje é a família — o amor eterno da mulher querida e a cabecinha loura duma criança".

Por que loura? Influência, talvez, do carinho pela filha do seu antigo patrão Antônio da Costa Cabral, amigo de seu pai, e também morador do bairro de São Domingos, a quem visita com freqüência. Essa menina Adelaide, chamada de Iaiá, lhe inspirou vários poemas. Em um deles pedia-lhe que, quando fosse moça, ela visitasse seu túmulo e nele pusesse um goivo, pagando assim as rosas de seus versos. (Pedido que Iaiá atendeu alguns anos depois, ao ficar noiva.)

Em abril de 1860, morre o pai de Casimiro. Ele próprio sente-se doente, recolhe-se à fazenda do Indaiaçu. E morre em outubro do mesmo ano. De tísica, naturalmente.

Contei aí, mal-e-mal, a vida de Casimiro José Marques de Abreu. Suas crenças poderiam ser resumidas na trinca Deus, Pátria e Família. Temia Deus, amava a sua terra e os seus; nunca pareceu lhe haver passado pela cabeça qualquer preocupação metafísica ou social. Não pensou sequer nos índios, que tanto atraíam Gonçalves Dias e a primeira geração romântica, nem nos negros escravos, cuja causa empolgaria a terceira geração. É o tipo do rapaz direito. Mas está envenenado pelo mal do século: o Romantismo. Nos últimos três anos de sua vida, conheceu a glória, ou algo muito parecido. Seus versos eram recitados, musicados e cantados por toda a parte, e até hoje muitos brasileiros sabem de cor pelo menos alguns deles: "Oh! que saudades que tenho / Da aurora da minha vida / Da minha infância querida..."

Ou então o famoso poema do já-já: "Se eu tenho de morrer na flor dos anos, / Meus Deus! Não seja já..."

Podemos achar tudo isso pueril; mas têm uma tal singeleza e uma tal sinceridade esses versos que eles se imprimem facilmente em nossa emoção e em nossa memória. É bom lembrar que no tempo de Casimiro havia mil outros jovens poetas igualmente simples e sinceros; se ele ficou, é que havia nele, embalada em musicalidade, essa coisa indefinida chamada poesia: é aquele "acento de ternura nova, pessoal e inconfundível" que nele sentiu Manuel Bandeira.

ESTA SELEÇÃO

Na transcrição dos poemas para esta antologia, guiei-me pela 2ª edição melhorada de *Obras de Casimiro de Abreu* por Sousa da Silveira, Ministério da Educação e Cultura, 1955. O mesmo autor é responsável pela antologia *Nossos Clássicos* da Livraria Agir Editora. Uma seleção mais recente apareceu na coleção *Literatura Comentada* da Editora Abril, com textos, notas e estudos de Ilka Laurito. A melhor biografia de Casimiro é certamente a de R. Magalhães Júnior, de que tenho a 3ª edição revista e aumentada da Civilização Brasileira, 1980.

Primaveras dividia-se em três livros; o último termina com o *Livro Negro*, de seis poemas, dos quais aproveitei os dois primeiros, "Horas tristes" e "Dores".

Acrescentei três composições não incluídas no livro: "Desejos", "Confissão" e "Goivos". O primeiro poema é uma espécie de antecipação romântica da "Receita de Mulher" de Vinícius de Moraes: o poeta descreve a amada ideal. O segundo é escrito em tom de brincadeira, e a referência a São Domingos é certamente uma alusão à noiva Quinquina; o último, de grande tristeza e pessimismo, parece estar inacabado.

A...

Falo a ti — doce virgem dos meus sonhos,
Visão dourada dum cismar tão puro,
Que sorrias por noites de vigília
Entre as rosas gentis do meu futuro.

Tu m'inspiraste, oh musa do silêncio,
Mimosa flor da lânguida saudade!
Por ti correu meu estro ardente e louco
Nos verdores febris da mocidade.

Tu vinhas pelas horas das tristezas
Sobre o meu ombro debruçar-te a medo,
A dizer-me baixinho mil cantigas,
Como vozes sutis dalgum segredo!

Por ti eu me embarquei, cantando e rindo,
— Marinheiro de amor — no batel curvo,
Rasgando afouto em hinos d'esperança
As ondas verde-azuis dum mar que é turvo.

Por ti corri sedento atrás da glória;
Por ti queimei-me cedo em seus fulgores;
Queria de harmonia encher-te a vida,
Palmas na fronte — no regaço flores!

Tu, que foste a vestal dos sonhos d'ouro,
O anjo-tutelar dos meus anelos,
Estende sobre mim as asas brancas...
Desenrola os anéis dos teus cabelos!

Muito gelo, meu Deus, crestou-me as galas!
Muito vento do sul varreu-me as flores!
Ai de mim — se o relento de teus risos
Não molhasse o jardim dos meus amores!

Não t'esqueças de mim! Eu tenho o peito
De santas ilusões, de crenças cheio!
— Guarda os cantos do louco sertanejo
No leito virginal que tens no seio.

Podes ler o meu livro: — adoro a infância,
Deixo a esmola na enxerga do mendigo,
Creio, em Deus, amo a pátria, e em noites lindas
Minh'alma — aberta em flor — sonha contigo.

Se entre as rosas das minhas — Primaveras —
Houver rosas gentis, de espinhos nuas;
Se o futuro atirar-me algumas palmas,
As palmas do cantor — são todas tuas!

20 de agosto de 1859

CANÇÃO DO EXÍLIO

Oh! mon pays sera mes amours
Toujours!
CHATEAUBRIAND

Eu nasci além dos mares:
     Os meus lares,
Meus amores ficam lá!
— Onde canta nos retiros
     Seus suspiros,
Suspiros o sabiá!

Oh! que céu, que terra aquela,
     Rica e bela
Como o céu de claro anil!
Que seiva, que luz, que galas,
     Não exalas,
Não exalas, meu Brasil!

Oh! que saudades tamanhas
     Das montanhas,
Daqueles campos natais!
Daquele céu de safira
     Que se mira,
Que se mira nos cristais!

Não amo a terra do exílio,
        Sou bom filho,
Quero a pátria, o meu país,
Quero a terra das mangueiras
        E as palmeiras
E as palmeiras tão gentis!

Como a ave dos palmares
        Pelos ares
Fugindo do caçador;
Eu vivo longe do ninho;
        Sem carinho,
Sem carinho e sem amor!

Debalde eu olho e procuro...
        Tudo escuro
Só vejo em roda de mim!
Falta a luz do lar paterno
        Doce e terno,
Doce e terno para mim.

Distante do solo amado
        — Desterrado —
A vida não é feliz.
Nessa eterna primavera
        Quem me dera,
Quem me dera o meu país!

Lisboa, 1855

MINHA TERRA

Minha terra tem palmeiras
Onde canta o sabiá.
GONÇALVES DIAS

Todos cantam sua terra,
Também vou cantar a minha,
Nas débeis cordas da lira
Hei de fazê-la rainha;

— Hei de dar-lhe a realeza
Nesse trono de beleza
Em que a mão da natureza
Esmerou-se em quanto tinha.

Correi prás bandas do sul:
Debaixo dum céu de anil
Encontrareis o gigante
Santa Cruz, hoje Brasil;
— É uma terra de amores
Alcatifada de flores
Onde a brisa fala amores
Nas belas tardes de Abril.

Tem tantas belezas, tantas,
A minha terra natal,
Que nem as sonha um poeta
E nem as canta um mortal!

— É uma terra encantada
— Mimosa jardim de fada —
Do mundo todo invejada,
Que o mundo não tem igual.

Não, não tem, que Deus fadou-a
Dentre todas — a primeira:
Deu-lhe esses campos bordados,
Deu-lhe os leques da palmeira,
E a borboleta que adeja,
Sobre as flores que ela beija,
Quando o vento rumoreja
Na folhagem da mangueira.
É um país majestoso
Essa terra de Tupã,
Desd'o Amazonas ao Prata,
Do Rio Grande ao Pará!
— Tem serranias gigantes
E tem bosques verdejantes
Que repetem incessantes
Os cantos do sabiá.

Ao lado da cachoeira,
Que se despenha fremente,
Dos galhos da sapucaia.
Nas horas do sol ardente,

Sobre um solo d'açucenas,
Suspensa a rede de penas
Ali nas tardes amenas
Se embala o índio indolente.

Foi ali que noutro tempo
À sombra do cajazeiro
Soltava seus doces carmes
O Petrarca brasileiro;
E a bela que o escutava
Um sorriso deslizava
Para o bardo que pulsava
Seu alaúde fagueiro.

Quando Dirceu e Marília
Em terníssimos enleios
Se beijavam com ternura
Em celestes devaneios:
Da selva o vate inspirado,
O sabiá namorado,
Na laranjeira pousado
Soltava ternos gorjeios.

Foi ali, foi no Ipiranga,
Que com toda a majestade
Rompeu de lábios augustos
O brado da liberdade;
Aquela voz soberana
Voou na plaga indiana
Desde o palácio à choupana,
Desde a floresta à cidade!

Um povo ergueu-se cantando
— Mancebos e anciãos —
E, filhos da mesma terra,
Alegres deram-se as mãos;
Foi belo ver esse povo
Em suas glórias tão novo,
Bradando cheio de fogo:
— Portugal! somos irmãos!

Quando nasci, esse brado
Já não soava na serra
Nem os ecos da montanha
Ao longe diziam — guerra!
Mas não sei o que sentia
Quando, a sós, eu repetia
Cheio de nobre ousadia
O nome da minha terra!

Se brasileiro eu nasci
Brasileiro hei de morrer,
Que um filho daquelas matas
Ama o céu que o viu nascer;
Chora, sim, porque tem prantos,
E são sentidos e santos
Se chora pelos encantos
Que nunca mais há de ver.

Chora, sim, como suspiro
Por esses campos que eu amo,
Pelas mangueiras copadas
E o canto do gaturamo;
Pelo rio caudaloso,
Pelo prado tão relvoso,
E pelo tiê formoso
Da goiabeira no ramo!
Quis cantar a minha terra,
Mas não pode mais a lira;
Que outro filho das montanhas
O mesmo canto desfira,
Que o proscrito, o desterrado,
De ternos prantos banhado,
De saudades torturado,
Em vez de cantar — suspira!

Tem tantas belezas, tantas,
A minha terra natal,
Que nem as sonha um poeta
E nem as canta um mortal!

— É uma terra de amores
Alcatifada de flores
Onde a brisa em seus rumores
Murmura — não tem rival!

Lisboa, 1856

SAUDADES

Nas horas mortas da noite
Como é doce o meditar
Quando as estrelas cintilam
Nas ondas quietas do mar;
Quando a lua majestosa
Surgindo linda e formosa,
Como donzela vaidosa
Nas águas se vai mirar!

Nessas horas de silêncio,
De tristezas e de amor,
Eu gosto de ouvir ao longe,
Cheio de mágoa e de dor.
O sino do campanário
Que fala tão solitário
Com esse som mortuário
Que nos enche de pavor.

Então — proscrito e sozinho —
Eu solto nos ecos da serra
Suspiros dessa saudade
Que no meu peito se encerra.
Esses prantos de amargores
São prantos cheios de dores:
— Saudades — dos meus amores,
— Saudades — da minha terra!

1856

CANÇÃO DO EXÍLIO

Se eu tenho de morrer na flor dos anos,
    Meu Deus! não seja já;
Eu quero ouvir na laranjeira, à tarde,
    Cantar o sabiá!

* * *

Meu Deus, eu sinto e tu bem vês que eu morro
    Respirando este ar;
Faz que eu viva, Senhor! dá-me de novo
    Os gozos do meu lar!

O país estrangeiro mais belezas
    Do que a pátria, não tem;
E este mundo não vai um só dos beijos
    Tão doces duma mãe!

Dá-me os sítios gentis onde eu brincava
    Lá na quadra infantil;
Dá que eu veja uma vez o céu da pátria,
    O céu do meu Brasil!

Se eu tenho que morrer na flor dos anos,
    Meu Deus! não seja já!
Eu quero ouvir na laranjeira, à tarde,
    Cantar o sabiá!

* * *

Quero ver esse céu da minha terra
        Tão lindo e tão azul!
E a nuvem cor-de-rosa que passava
        Correndo lá do sul!

Quero dormir à sombra dos coqueiros,
        As folhas por dossel;
E ver se apanho a borboleta branca,
        Que voa no vergel!

Quero sentar-me à beira do riacho
        Das tardes ao cair,
E sozinho cismando no crepúsculo
        Os sonhos do porvir!

Se eu tenho de morrer na flor dos anos,
        Meu Deus! não seja já;
Eu quero ouvir na laranjeira, à tarde,
        A voz do sabiá!

*   *   *

Quero morrer cercado dos perfumes
        Dum clima tropical,
E sentir, expirando, as harmonias
        Do meu berço natal!

Minha campa será entre as mangueiras,
Banhada do luar,
E eu contente dormirei tranqüilo
À sombra do meu lar!
As cachoeiras chorarão sentidas
Porque cedo morri,
E eu sonho no sepulcro os meus amores
Na terra onde nasci!

Se eu tenho de morrer na flor dos anos,
Meu Deus! não seja já;
Eu quero ouvir na laranjeira, à tarde,
Cantar o sabiá!

Lisboa, 1858

MINHA MÃE

Oh l'amour d'une mère! — amour que nul n'oublie!
VICTOR HUGO

Da pátria formosa distante e saudoso,
Chorando e gemendo meus cantos de dor,
Eu guardo no peito a imagem querida
Do mais verdadeiro, do mais santo amor;
 — Minha Mãe! —

No berço, pendente dos ramos floridos,
Em que eu pequenino feliz dormitava:
Quem é que esse berço com todo o cuidado
Cantando cantigas alegre embalava?
 — Minha Mãe! —

De noite, alta noite, quando eu já dormia
Sonhando esses sonhos dos anjos dos céus,
Quem é que meus lábios dormentes roçava,
Qual anjo da guarda, qual sopro de Deus?
 — Minha Mãe! —

Feliz o bom filho que pode contente
Na casa paterna de noite e de dia
Sentir as carícias do anjo de amores,
Da estrela brilhante que a vida nos guia!
— Minha Mãe! —

Por isso eu agora na terra do exílio,
Sentado sozinho co'a face na mão,
Suspiro e soluço por quem me chamava:
— "Oh filho querido do meu coração!"
— Minha Mãe! —

Lisboa, 1855

JURITI

Na minha terra, no bulir do mato,
    A juriti suspira;
E como o arrulo dos gentis amores,
São os meus cantos de secretas dores
    No chorar da lira.

De tarde a pomba vem gemer sentida
    À beira do caminho;
— Talvez perdida na floresta ingente —
A triste geme nessa voz plangente
    Saudades do seu ninho.

Sou como a pomba e como as vozes dela
    É triste o meu cantar;
— Flor dos trópicos — cá na Europa fria
Eu definho, chorando noite e dia
    Saudades do meu lar.

A juriti suspira sobre as folhas secas
    Seu canto de saudade;
Hino de angústia, férvido lamento,
Um poema de amor e sentimento,
    Um grito d'orfandade!

Depois... o caçador chega cantando,
   À pomba faz o tiro...
A bala acerta e ela cai de bruços,
E a voz lhe morre nos gentis soluços,
   No final suspiro.

E como o caçador, a morte em breve
   Levar-me-á consigo;
E descuidado, no sorrir da vida,
Irei sozinho, a voz desfalecida,
   Dormir no meu jazigo.

E — morta — a pomba nunca mais suspira
   À beira do caminho;
E como a juriti — longe dos lares —
Nunca mais chorarei nos meus cantares
   Saudades do meu ninho!

Lisboa, 1857

MEUS OITO ANOS

Oh! souvenirs! printemps! aurores!
Victor Hugo

Oh! que saudades que tenho
Da aurora da minha vida,
Da minha infância querida
Que os anos não trazem mais!
Que amor, que sonhos, que flores,
Naquelas tardes fagueiras
À sombra das bananeiras,
Debaixo dos laranjais!

Como são belos os dias
Do despontar da existência!
— Respira a alma inocência
Como perfumes a flor;
O mar é — lago sereno,
O céu — um manto azulado,
O mundo — um sonho dourado,
A vida — um hino d'amor!

Que auroras, que sol, que vida,
Que noites de melodia
Naquela doce alegria,
Naquele ingênuo folgar!
O céu bordado d'estrelas,
A terra de aromas cheia,
As ondas beijando a areia
E a lua beijando o mar!

Oh! dias da minha infância!
Oh! meu céu de primavera!
Que doce a vida não era
Nessa risonha manhã!
Em vez das mágoas de agora,
Eu tinha nessas delícias
De minha mãe as carícias
E beijos de minha irmã!

Livre filho das montanhas,
Eu ia bem satisfeito,
Da camisa aberto o peito,
— Pés descalços, braços nus —
Correndo pelas campinas
À roda das cachoeiras,
Atrás das asas ligeiras
Das borboletas azuis!

Naqueles tempos ditosos
Ia colher as pitangas,
Trepava a tirar as mangas,
Brincava à beira do mar;
Rezava às ave-marias,
Achava o céu sempre lindo,
Adormecia sorrindo
E despertava a cantar!

[...]

Oh! que saudades que tenho
Da aurora da minha vida,
Da minha infância querida
Que os anos não trazem mais!
— Que amor, que sonhos, que flores,
Naquelas tardes fagueiras
À sombra das bananeiras,
Debaixo dos laranjais!

Lisboa, 1857

NO LAR

Terra da minha pátria, abre-me o seio
na morte — ao menos........................
GARRET

I

Longe da pátria, sob um céu diverso
Onde o sol como aqui tanto não arde,
Chorei saudades do meu lar querido
— Ave sem ninho que suspira à tarde. —

No mar — de noite — solitário e triste
Fitando os lumes que no céu tremiam,
Ávido e louco nos meus sonhos d'alma
Folguei nos campos que meus olhos viam.

Era pátria e família e vida e tudo,
Glória, amores, mocidade e crença,
E, todo em choros, vim beijar as praias
Por que chorara nessa longa ausência.

Eis-me na pátria, no país das flores,
— O filho prodígio a seus lares volve.
E concertando as suas vestes rotas,
O seu passado com prazer revolve! —

Eis meu lar, minha casa, meus amores,
A terra onde nasci, meu teto amigo,
A gruta, a sombra, a solidão, o rio
Onde o amor me nasceu — cresceu comigo.

Os mesmos campos que eu deixei criança,
Árvores novas... tanta flor no prado!...
Oh! como és linda, minha terra d'alma,
— Noiva enfeitada para o seu noivado! —

Foi aqui, foi ali, além... mais longe,
Que eu sentei-me a chorar no fim do dia;
— Lá vejo o atalho que vai dar na várzea...
Lá o barranco por onde eu subia!...

Acho agora mais seca a cachoeira
Onde banhei-me no infantil cansaço...
— Como está velho o laranjal tamanho
Onde eu caçava o sanhaçu a laço!...

Como eu me lembro dos meus dias puros!
Nada m'esquece!... e esquecer quem há de?...
— Cada pedra que eu palpo, ou tronco, ou folha,
Fala-me ainda dessa doce idade!

Eu me remoço recordando a infância,
E tanto a vida me palpita agora
Que eu dera oh! Deus! a mocidade inteira
Por um só dia do viver d'outrora!

E a casa?... as salas, estes móveis... tudo,
O crucifixo pendurado ao muro...
O quarto do oratório... a sala grande
Onde eu temia penetrar no escuro!...

E ali... naquele canto... o berço armado!
E minha mana, tão gentil, dormindo!
E mamãe a contar-me histórias lindas
Quando eu chorava e a beijava rindo!

Oh! primavera! oh! minha mãe querida!
Oh! mana! — anjinho que eu amei com ânsia —
Vinde ver-me em soluços — de joelhos —
Beijando em choros este pó da infância!

II

Meu Deus! eu chorei tanto lá no exílio!
Tanta dor me cortou a voz sentida,
Que agora neste gozo de proscrito
Chora minh'alma e me sucumbe a vida!

Quero amor! quero vida! e longa e bela
Que eu, Senhor! não vivi — dormi apenas!
Minh'alma que s'expande e se intumesce
Despe o seu luto nas canções amenas.

Que sede que eu sentia nessas noites!
Quanto beijo roçou-me os lábios quentes!
E, pálido, acordava no meu leito
— Sozinho — e órfão das visões ardentes!

Quero amor! quero vida! aqui, na sombra,
No silêncio e na voz desta natura;
— Da primavera de minh'alma os cantos
Caso coas flores da estação mais pura.

Quero amor! quero vida! os lábios ardem...
Preciso as dores dum sentir profundo!
— Sôfrego a taça esgotarei dum trago
Embora a morte vá topar no fundo.

Quero amor! quero vida! Um rosto virgem,
— Alma de arcanjo que me fale amores,
Que ria e chore, que suspire e gema
E doure a vida sobre um chão de flores.

Quero amor! quero amor! — Uns dedos brancos
Que passem a brincar nos meus cabelos;
Rosto lindo de fada vaporosa,
Que dê-me vida e que me mate em zelos!

Oh! céu de minha terra — azul sem mancha —
Oh! sol de fogo que me queima a fronte,
Nuvens douradas que correis no ocaso,
Névoas da tarde que cobris o monte;

Perfumes da floresta, vozes doces,
Mansa lagoa que o luar prateia,
Claros riachos, cachoeiras altas,
Ondas tranqüilas que morreis na areia;

Aves dos bosques, brisas das montanhas,
Bem-te-vis do campo, sabiás da praia,
— Cantai, correi, brilhai — minh'alma em ânsias
Treme de gozo e de prazer desmaia!

Flores, perfumes, solidões, gorjeios,
Amor, ternura — modulai-me a lira!
— Seja um poema este ferver de idéias
Que a mente cala e o coração suspira.

Oh! mocidade! bem te sinto e vejo!
De amor e vida me transborda o peito...
— Basta-me um ano!... e depois... na sombra...
Onde tive o berço quero ter meu leito!

Eu canto, eu choro, eu rio, e grato e louco
Nos pobres hinos te bendigo, oh! Deus!
Deste-me os gozos do meu lar querido...
Bendito sejas! — vou viver cos meus!

Indaiaçu, 1857

MORENINHA

Moreninha, Moreninha,
Tu és do campo a rainha,
Tu és senhora de mim;
Tu matas todos d'amores,
Faceira, vendendo as flores
Que colhes no teu jardim.

Quando tu passas n'aldeia
Diz o povo à boca cheia:
— "Mulher mais linda não há!
Ai! vejam como é bonita
Coas tranças presas na fita,
Coas flores no samburá!"

Tu és meiga, és inocente
Como a rola que contente
Voa e folga no rosal;
Envolta nas simples galas,
Na voz, no riso, nas falas,
Morena — não tens rival!

Tu, ontem, vinhas do monte
E paraste ao pé da fonte
À fresca sombra do til;
Regando as flores, sozinha,
Nem tu sabes, Moreninha,
O quanto achei-te gentil!

Depois segui-te calado
Como o pássaro esfaimado
Vai seguindo a juriti;
Mas tão pura ias brincando,
Pelas pedrinhas saltando,
Que eu tive pena de ti!

E disse então: — Moreninha,
Se um dia tu fores minha,
Que amor, que amor não terás!
Eu dou-te noites de rosas
Cantando canções formosas
Ao som dos meus ternos ais.

Morena, minha sereia,
Tu és a rosa da aldeia,
Mulher mais linda não há;
Ninguém t'iguala ou t'imita
Coas tranças presas na fita,
Coas flores no samburá!

Tu és a deusa da praça,
E todo o homem que passa
Apesas viu-te... parou!
Segue depois seu caminho
Mas vai calado e sozinho
Porque sua alma ficou!

Tu és bela, Moreninha,
Sentada em tua banquinha
Cercada de todos nós;

Rufando alegre o pandeiro,
Como a ave no espinheiro
Tu soltas também a voz:

— "Oh! quem me compra estas flores?
São lindas como os amores,
Tão belas não há assim;
Foram banhadas de orvalho,
São flores do meu serralho,
Colhi-as no meu jardim". —

Morena, minha Morena,
És bela, mas não tens pena
De quem morre de paixão!
— Tu vendes flores singelas
E guardas as flores belas,
As rosas do coração?!...

Moreninha, Moreninha,
Tu és das belas rainha
Mas nos amores és má;
— Como tu ficas bonita
Coas tranças presas na fita,
Coas flores no samburá!

Eu disse então: — "Meus amores,
Deixa mirar tuas flores,
Deixa perfumes sentir!"
Mas naquele doce enleio,
Em vez das flores, no seio,
No seio te fui bulir!

Como nuvem desmaiada
Se tinge de madrugada
Ao doce albor da manhã;
Assim ficaste, querida,
A face em pejo acendida,
Vermelha como a romã!

Tu fugiste, feiticeira,
E de certo mais ligeira
Qualquer gazela não é;
Tu ias de saia curta...
Saltando a moita de murta
Mostraste, mostraste o pé!''

Ai! Morena, ai! meus amores,
Eu quero comprar-te as flores,
Mas dá-me um beijo também;
Que importam rosas do prado
Sem o sorriso engraçado
Que a tua boquinha tem?...

Apenas vi-te, sereia,
Chamei-te — rosa da aldeia —
Como mais linda não há.
— Jesus! Como eras bonita
Coas tranças presas na fita,
Coas flores no samburá!

Indaiaçu, 1857

NA REDE

Nas horas ardentes do pino do dia
     Aos bosques corri;
E quai linda imagem dos castos amores,
Dormindo e sonhando cercada de flores
     Nos bosques a vi!

Dormia deitada na rede de penas
     — O céu por dossel,
De leve embalada no quieto balanço
Qual nauta cismando num lago bem manso
     Num leve batel!

Dormia e sonhava — no rosto serena
     Qual um serafim;
Os cílios pendidos nos olhos tão belos,
E a brisa brincando nos soltos cabelos
     De fino cetim!

Dormia e sonhava — formosa embebida
     No doce sonhar,
E doce e sereno num mágico anseio
Debaixo das roupas batia-lhe o seio
     No seu palpitar!

Dormia e sonhava — a boca entreaberta,
    O lábio a sorrir;
No peito cruzados os braços dormentes,
Compridos e lisos quais brancas serpentes
    No colo a dormir!

Dormia e sonhava — no sonho de amores
    Chamava por mim,
E a voz suspirosa nos lábios morria
Tão terna e tão meiga qual vaga harmonia
    De algum bandolim!

Dormia e sonhava — de manso cheguei-me
    Sem leve rumor;
Pendi-me tremendo e qual fraco vagido,
Qual sopro da brisa, baixinho ao ouvido
    Falei-lhe de amor!

Ao hálito ardente o peito palpita...
    Mas sem despertar;
E como nas ânsias dum sonho que é lindo,
A virgem na rede corando e sorrindo...
    Beijou-me — a sonhar!

Junho, 1858

POESIA E AMOR

A tarde que expira,
A flor que suspira,
O canto da lira,
Da lua o clarão;
Dos mares na raia
A luz que desmaia,
E as ondas na praia
Lambendo-lhe o chão;

Da noite a harmonia
Melhor que a do dia,
E a viva ardentia
Das águas do mar;
A virgem incauta,
As vozes da flauta,
E o canto do nauta
Chorando o seu lar;

Os trêmulos lumes,
Da fonte os queixumes,
E os meigos perfumes
Que solta o vergel;
As noites brilhantes,
E os doces instantes
Dos noivos amantes
Na lua-de-mel;

Do templo nas naves
As notas suaves,
E o trino das aves
Saudando o arrebol;
As tardes estivas,
E as rosas laseivas
Erguendo-se altivas
Aos raios do sol;

A gota de orvalho
Tremendo no galho
Do velho carvalho,
Nas folhas do ingá
O bater do seio,
Dos bosques no meio
O doce gorjeio
Dalgum sabiá;

A órfã que chora,
A flor que se cora
Aos raios da aurora,
No albor da manhã;
Os sonhos eternos,
Os gozos mais ternos,
Os beijos maternos
E as vozes de irmã;

O sino da torre
Carpindo quem morre,
E o rio que corre
Banhando o chorão;
O triste que vela

Cantando à donzela
A trova singela
Do seu coração;

A luz da alvorada,
E a nuvem dourada
Qual berço de fada
Num céu todo azul;
No lago e nos brejos
Os férvidos beijos
E os loucos bafejos
Das brisas do sul;

Toda essa ternura
Que a rica natura
Soletra e murmura
Nos hálitos seus,
Da terra os encantos,
Das noites os prantos,
São hinos, são cantos
Que sobem a Deus!

Os trêmulos lumes,
Da veiga os perfumes,
Da fonte os queixumes,
Dos prados a flor,
Do mar a ardentia,
Da noite a harmonia,
Tudo isso é — poesia!
Tudo isso é — amor!

Indaiaçu, 1857

DEUS!

Eu me lembro! eu me lembro! — Era pequeno
E brincava na praia; o mar bramia
E, erguendo o dorso altivo, sacudia
A branca escuma para o céu sereno.

Eu disse a minha mãe nesse momento:
"Que dura orquestra! Que furor insano!
Que pode haver maior do que o oceano,
Ou que seja mais forte do que o vento?!"

Minha mãe a sorrir olhou pros céus
E respondeu: — "Um Ser que nós não vemos
É maior do que o mar que nós tememos,
Mais forte que o tufão! meu filho, é — Deus!"

Dezembro, 1858

PRIMAVERAS

Primavera! juventud del anno,
Mocidad! primavera della vita.
METASTASIO

I

A primavera é a estação dos risos,
Deus fita o mundo com celeste afago,
Tremem as folhas e palpita o lago
Da brisa louca aos amorosos frisos.

Na primavera tudo é viço e gala,
Trinam as aves a canção de amores,
E doce e bela no tapiz das flores
Melhor perfume a violeta exala.

Na primavera tudo é riso e festa,
Brotam aromas do vergel florido,
E o ramo verde de manhã colhido
Enfeita a fronte da aldeã modesta.

A natureza se desperta rindo,
Um hino imenso a criação modula,
Canta a calhandra, a juriti arrula,
O mar é calmo porque o céu é lindo.

Alegre e verde se balança o galho,
Suspira a fonte na linguagem meiga,
Murmura a brisa: — Como é linda a veiga!
Responde a rosa: — Como é doce o orvalho!

II

Mas como às vezes sobre o céu sereno
Corre uma nuvem que a tormenta guia,
Também a lira alguma vez sombria
Solta gemendo de amargura um treno.

São flores murchas; — o jasmim fenece,
Mas bafejado s'erguerá de novo
Bem como o galho do gentil renovo
Durante a noite, quando o orvalho desce.

Se um amargo de ironia cheio
Treme nos lábios do cantor mancebo,
Em breve a virgem do seu casto enlevo
Dá-lhe um sorriso e lhe intumesce o seio.

Na primavera — na manhã da vida —
Deus às tristezas o sorriso enlaça,
E a tempestade se dissipa e passa
À voz mimosa da mulher querida.

Na mocidade, na estação fogosa,
Ama-se a vida — a mocidade é crença,
E a alma virgem nesta festa imensa
Canta, palpita, s'extasia e goza.

1? de Julho de 1858

CENA ÍNTIMA

Como estás hoje zangada
E como olhas despeitada
    Só pra mim!
— Ora diz-me: esses queixumes,
Esses injustos ciúmes
    Não têm fim?

Que pequei eu bem conheço,
Mas castigo não mereço
    Por pecar;
Pois tu queres chamar crime
Render-me à chama sublime
    Dum olhar!

Porventura te esqueceste
Quando de amor me perdeste
    Num sorrir?
Agora em cólera imensa
Já queres dar a sentença
    Sem me ouvir!

E depois, se eu te repito
Que nesse instante maldito
    — Sem querer —
Arrastado por magia
Mil torrentes de poesia
    Fui beber!

Eram uns olhos escuros
Muito belos, muito puros,
    Como os teus!
Uns olhos assim tão lindos
Mostrando gozos infindos,
    Só dos céus!

Quando os vi fulgindo tanto
Senti no peito um encanto
    Que não sei!
Juro falar-te a verdade...
Foi decerto — sem vontade —
    Que eu pequei!

Mas hoje, minha querida,
Eu dera até esta vida
    Pra poupar
Essas lágrimas queixosas,
Que as tuas faces mimosas
    Vêm molhar!

Sabe ainda ser clemente,
Perdoa um erro inocente,
    Minha flor!
Seja grande embora o crime
O perdão sempre é sublime
    Meu amor!

Mas se queres com maldade
Castigar quem — sem vontade
    Só pecou;
Olha, linda, eu não me queixo;
A teus pés cair me deixo...
    Aqui' stou!

Mas se me deste, formosa,
De amor na taça mimosa
    Doce mel;
Ai! deixa que peça agora
Esses extremos d'outrora
    O infiel:

Prende-me... nesses teus braços
Em doces, longos abraços
    Com paixão;
Ordena com gesto altivo...
Que te beije este cativo
    Essa mão!

Mata-me sim... de ventura,
Com mil beijos de ternura
    Sem ter dó
Que eu prometo, anjo querido,
Não desprender um gemido,
    Nem um só!

JURAMENTO

Tu dizes, ó Mariquinhas,
Que não crês nas juras minhas,
Que nunca cumpridas são!
Mas se eu não te jurei nada,
Como hás de tu, estouvada,
Saber se eu as cumpro ou não?!

Tu dizes que eu sempre minto,
Que protesto o que não sinto,
Que todo o poeta é vário,
Que é borboleta inconstante;
Mas agora, neste instante,
Eu vou provar-te o contrário.

Vem cá, sentada a meu lado
Com esse rosto adorado
Brilhante de sentimento,
Ao colo o braço cingido,
Olhar no meu embebido,
Escuta o meu juramento.

Espera: — inclina essa fronte...
Assim!... — Pareces no monte
Alvo lírio debruçado!
— Agora, se em mim te fias,
Fica séria, não te rias,
O juramento é sagrado:

"— Eu juro sobre estas tranças,
E pelas chamas que lanças
Desses teus olhos divinos;
Eu juro, minha inocente,
Embalar-te docemente
Ao som dos mais ternos hinos!

Pelas ondas, pelas flores,
Que se estremecem de amores
Da brisa ao sopro lascivo;
Eu juro, por minha vida,
Deitar-me a teus pés, querida,
Humilde como um cativo!

Pelos lírios, pelas rosas,
Pelas estrelas formosas,
Pelo sol que brilha agora,
— Eu juro dar-te, Maria,
Quarenta beijos por dia
e dez abraços por hora!"

O juramento está feito,
Foi dito coa mão no peito
Apontando ao coração:
E agora — por vida minha,
Tu verás, oh! moreninha,
Tu verás se o cumpro ou não!...

Rio, 1857

SEGREDOS

Eu tenho uns amores — quem é que os não tinha
Nos tempos antigos? — Amar não faz mal;
As almas que sentem paixão como a minha
Que digam, que falem em regra geral.
    — A flor dos meus sonhos é moça e bonita
    Qual flor entr'aberta do dia ao raiar,
    Mas onde ela mora, que casa ela habita,
    Não quero, não posso, não devo contar!

Seu rosto é formoso, seu talhe elegante,
Seus lábios de rosa, a fala é de mel,
As tranças compridas, qual livre bacante,
O pé de criança, cintura de anel;
    — Os olhos rasgados são cor das safiras,
    Serenos e puros, azuis como o mar;
    Se falam sinceros, se pregam mentiras,
    Não quero, não posso, não devo contar!

Oh! ontem no baile com ela valsando
Senti as delícias dos anjos do céu!
Na dança ligeira qual silfo voando
Caiu-lhe do rosto seu cândido véu!
    — Que noite e que baile! — Seu hálito virgem
    Queimava-me as faces no louco valsar,
    As falas sentidas que os olhos falavam
    Não posso, não quero, não devo contar!

Depois indolente firmou-se em meu braço,
Fugimos das salas, do mundo talvez!
Inda era mais bela rendida ao cansaço
Morrendo de amores em tal languidez!
    — Que noite e que festa! e que lânguido rosto
    Banhado ao reflexo do branco luar!
    A neve do colo e as ondas dos seios
    Não quero, não posso, não devo contar!

A noite é sublime! — Tem longos queixumes,
Mistérios profundos que eu mesmo não sei:
Do mar os gemidos, do prado os perfumes,
De amor me mataram, de amor suspirei!
    — Agora eu vos juro... Palavra! — não minto!
    Ouvi-a formosa também suspirar,
    Os doces suspiros que os ecos ouviram
    Não quero, não posso, não devo contar!

Então nesse instante nas águas do rio
Passava uma barca, e o bom remador
Cantava na flauta: — "Nas noites d'estio
O céu tem estrelas, o mar tem amor!" —
    — E a voz maviosa do bom gondoleiro
    Repete cantando: — "viver é amar!" —
    Se os peitos respondem à voz do barqueiro...
    Não quero, não posso, não devo contar!

Trememos de medo... a boca emudece
Mas sentem-se os pulos do meu coração!
Seu seio nevado de amor se intumesce...
E os lábios se tocam no ardor da paixão...
    — Depois... mas já vejo que vós, meus senhores,
Com fina malícia quereis me enganar.
Aqui faço ponto; — segredos de amores
Não quero, não posso, não devo contar!

Rio, 1857

VALSA

A. M.***

Tu, ontem,
Na dança
Que cansa,
Voavas
Coas faces
Em rosas
Formosas
De vivo,
Lascivo
Carmim;
Na valsa
Tão falsa,
Corrias,
Fugias,
Ardente,
Contente,
Tranqüila,
Serena,
Sem pena
De mim!

Quem dera
Que sintas
As dores
De amores
Que louco

Senti!
Quem dera
Que sintas!...
— Não negues,
Não mintas...
— Eu vi!...

Valsavas:
— Teus belos
Cabelos,
Já soltos,
Revoltos,
Saltavam,
Voavam,
Brincavam
No colo
Que é meu;
E os olhos
Escuros
Tão puros,
Os olhos
Perjuros
Volvias,
Tremias,
Sorrias
Pra outro
Não eu!

Quem dera
Que sintas
As dores
De amores

Que louco
Senti!
Quem dera
Que sintas!...
— Não negues,
Não mintas...
— Eu vi!...

Meu Deus!
Eras bela,
Donzela,
Valsando,
Sorrindo,
Fugindo,
Qual silfo
Risonho
Que em sonho
Nos vem!
Mas esse
Sorriso
Tão liso
Que tinhas
Nos lábios
De rosa,
Formosa,
Tu davas,
Mandavas
A quem?!

Quem dera
Que sintas
As dores
De amores
Que louco
Senti!
Quem dera
Que sintas!...
— Não negues,
Não mintas...
— Eu vi!...

Calado,
Sozinho,
Mesquinho,
Em zelos
Ardendo,
Eu vi-te
Correndo
Tão falsa
Na valsa
Veloz!

Eu triste
Vi tudo!
Mas mudo
Não tive
Nas galas
Das salas,
Nem falas,
Nem cantos,
Nem prantos,
Nem voz!

Quem dera
Que sintas
As dores
De amores
Que louco
Senti!
Quem dera
Que sintas!...
— Não negues,
Não mintas...
— Eu vi!...

Na valsa
Cansaste;
Ficaste
Prostrada,
Turbada!
Pensavas,
Cismavas,
E estavas
Tão pálida
Então;
Qual pálida
Rosa
Mimosa,
No vale
Do vento
Cruento
Batida,
Caída
Sem vida
No chão!

Quem dera
Que sintas
As dores
De amores
Que louco
Senti!
Quem dera
Que sintas!...
— Não negues,
Não mintas...
— Eu vi!...

Rio, 1858

CANTO DE AMOR

A M.•••

I

Eu vi-a e minha alma antes de vê-la
Sonhara-a linda como agora a vi;
Nos puros olhos e na face bela,
Dos meus sonhos a virgem conheci.

Era a mesma expressão, o mesmo rosto,
Os mesmos olhos só nadando em luz,
E uns doces longes, como dum desgosto,
Toldando a fronte que de amor seduz!

E seu talhe era o mesmo, esbelto, airoso
Como a palmeira que se ergue ao ar,
Como a tulipa ao pôr-do-sol saudoso,
Mole vergando à viração do mar.

Era a mesma visão que eu dantes via,
Quando a minha alma transbordava em fé;
E nesta eu creio como na outra eu cria,
Porque é a mesma visão, bem sei que é!

No silêncio da noite a virgem vinha
Soltas as tranças junto a mim dormir;
E era bela, meu Deus, assim sozinha
No seu sonho d'infante inda a sorrir!...

II

Vi-a e não vi-a! Foi num só segundo
Tal como a brisa ao perpassar na flor,
Mas nesse instante resumi um mundo
De sonhos de ouro e de encantado amor.

O seu olhar não me cobriu d'afago,
E minha imagem nem sequer guardou,
Qual se reflete sobre a flor dum lago
A branca nuvem que no céu passou.

A sua vista espairecendo vaga,
Quase indolente, não me viu, ai, não!
Mas eu que sinto tão profunda a chaga
Ainda a vejo como a vi então.

Que rosto d'anjo, qual estátua antiga
No altar erguida, já caído o véu!
Que olhar de fogo, que a paixão instiga!
Que níveo colo prometendo um céu.

Vi-a e amei-a, que a minha alma ardente
Em longos sonhos a sonhara assim;
O ideal subime, que eu criei na mente,
Que em vão buscava e que encontrei por fim

III

Pra ti, formosa, o meu sonhar de louco
E o dom fatal que desde o berço é meu;
Mas se os cantos da lira achares pouco,
Pede-me a vida, porque tudo é teu.

Se queres culto — como um crente adoro,
Se preito queres — eu te caio aos pés,
Se rires — rio, se chorares — choro,
E bebo o pranto que banhar-te a tez.

Dá-me em teus lábios um sorrir fagueiro,
E desses olhos um volver, um só;
E verás que meu estro, hoje rasteiro,
Cantando amores s'erguerá do pó!

Vem reclinar-te, como a flor pendida,
Sobre este peito cuja voz calei:
Pede-me um beijo... e tu terás, querida,
Toda a paixão que para ti guardei.

Do morto peito vem turbar a calma,
Virgem, terás o que ninguém te dá;
Em delírios d'amor dou-te a minha alma,
Na terra, a vida, a eternidade — lá!

IV

Se tu, oh linda, em chama igual te abrasas,
Oh! não me tardes, não me tardes, — vem!
Da fantasia nas douradas asas
Nós viveremos noutro mundo — além!

De belos sonhos nosso amor povôo,
Vida bebendo nos olhares teus;
E como a garça que levanta o vôo,
Minha alma em hinos falará com Deus!

Juntas, unidas num estreito abraço,
As nossas almas uma só serão;
E a fronte enferma sobre o teu regaço
Criará poemas d'imortal paixão!

Oh! vem, formosa, meu amor é santo,
É grande e belo como é grande o mar.
E doce e triste como d'harpa um canto
Na corda extrema que já vai quebrar!

Oh! vem depressa, minha vida foge...
Sou como o lírio que já murcho cai!
Ampara o lírio que inda é tempo hoje!
Orvalha o lírio que morrendo vai!...

Rio, 1858

ASSIM

A.M. ***

Viste o lírio da campina?
    Lá s'inclina
E murcho no hastil pendeu!
— Viste o lírio da campina?
    Pois, divina,
Como o lírio assim sou eu!

Nunca ouviste a voz da flauta,
    A dor do nauta
Suspirando no alto mar?
— Nunca ouviste a voz da flauta?
    Como o nauta
É tão triste o meu cantar!

Não viste a rola sem ninho
    No caminho
Gemendo, se a noite vem?
— Não viste a rola sem ninho?
    Pois, anjinho,
Assim eu gemo, também!

Não viste a barca perdida,
    Sacudida
Nas asas dalgum tufão?
— Não viste a barca fendida?
    Pois querida
Assim vai meu coração!

Rio, 1858

QUANDO?!..

Não era belo, Maria,
Aquele tempo de amores,
Quando o mundo nos sorria,
Quando a terra era só flores
Da vida na primavera?
     — Era!

Não tinha o prado mais rosas,
O sabiá mais gorjeios,
O céu mais nuvens formosas,
E mais puros devaneios
A tua alma inocentinha?
     — Tinha!

E como achavas, Maria,
Aqueles doces instantes
De poética harmonia
Em que as brisas doudejantes
Folgavam nos teus cabelos?
     — Belos!

Como tremias oh! vida,
Se em mim os olhos fitavas!
Como eras linda, querida,
Quando d'amor suspiravas
Naquela encantada aurora!
        — Ora!

E diz-me: não te recordas
— Debaixo do cajueiro —
Lá da lagoa nas bordas
Aquele beijo primeiro?
Ia o dia já findando...
        — Quando?!...

Rio, 1858

O QUE É — SIMPATIA

A uma menina

Simpatia — é o sentimento
Que nasce num só momento,
Sincero, no coração;
São dois olhares acesos
Bem juntos, unidos, presos
Numa mágica atração.

Simpatia — são dois galhos
Banhados de bons orvalhos
Nas mangueiras do jardim;
Bem longe às vezes nascidos,
Mas que se juntam crescidos
E que se abraçam por fim.

São duas almas bem gêmeas
Que riem no mesmo riso,
Que choram nos mesmos ais;
São vozes de dois amantes,
Duas liras semelhantes,
Ou dois poemas iguais.

Simpatia — meu anjinho,
É o canto do passarinho,
É o doce aroma da flor;
São nuvens dum céu d'Agosto,
É o que m'inspira teu rosto...
— Simpatia — é — quase amor!

Indaiaçu, 1857

PEPITA

A toi! toujours à toi!
VICTOR HUGO

Minh'alma é mundo virge' — ilha perdida —
    Em lagos de cristais;
Vem, Pepita, — Colombo dos amores, —
Vem descobri-lo, no país das flores
    Sultana reinarás!

Eu serei teu vassalo e teu cativo
    Nas terras onde és rei;
À sombra dos bambus vem tu ser minha;
Teu reinado de amor, doce rainha,
    Na lira cantarei.

Minh'alma é como o pombo inda sem penas
    Sozinho a pipilar;
— Vem tu, Pepita; visitá-lo ao ninho;
As asas a bater, o passarinho
    Contigo irá voar.

Minh'alma é como a rocha toda estéril
    Nos plainos do Sará;
Vem tu — fada de amor — dar-lhe co'a vara...
— Qual do penedo que Moisés tocara
    O jorro saltará.

Minh'alma é um livro lindo, encadernado,
    Co'as folhas em cetim;
— Vem tu, Pepita, soletrá-lo um dia...
Tem poemas de amor, tem melodia
    Em cânticos sem fim!

Minh'alma é o batel prendido à margem
    Sem leme, em ócio vil;
— Vem soltá-lo, Pepita, e correremos
— Soltas as velas — desprezando remos,
    Que o mar é todo anil.

Minh'alma é um jardim oculto em sombras
    Co'as flores em botão;
— Vem ser da primavera o sopro louco,
Vem tu, Pepita, bafejar-me um pouco
    Que as rosas abrirão.

O mundo em que eu habito tem mais sonhos,
    A vida mais prazer;
— Vem, Pepita, das tardes no remanso,
Da rede dos amores no balanço
    Comigo adormecer.

Oh! vem! eu sou a flor aberta à noite
    Pendida no arrebol!
Dá-me um carinho dessa voz lasciva,
E a flor pendida s'erguerá mais viva
    Aos raios desse sol!

Bem vês, sou como a planta que definha
    Torrada do calor.
— Dá-me o riso feliz em vez da mágoa...
O lírio morto quer a gota d'água,
    — Eu quero o teu amor!

Rio, 1858

AMOR E MEDO

I

Quando eu te fujo e me desvio cauto
Da luz de fogo que te cerca, oh! bela,
Contigo dizes, suspirando amores:
"— Meu Deus! que gelo, que frieza aquela!"

Como te enganas! meu amor é chama
Que se alimenta no voraz segredo,
E se te fujo é que te adoro louco...
És bela — eu moço; tens amor — eu medo!...

Tenho medo de mim, de ti, de tudo,
Da luz, da sombra, do silêncio ou vozes,
Das folhas secas, do chorar das fontes,
Das horas longas a correr velozes.

O véu da noite me atormenta em dores,
A luz da aurora me intumesce os seios,
E ao vento fresco do cair das tardes
Eu me estremeço de cruéis receios.

É que esse vento que na várzea — ao longe,
Do colmo o fumo caprichoso ondeia,
Soprando um dia tornaria incêndio
A chama viva que teu riso ateia!

Ai! se abrasado crepitasse o cedro
Cedendo ao raio que a tormenta envia,
Diz: — que seria da plantinha humilde
Que à sombra dele tão feliz crescia?

A labareda que se enrosca ao tronco
Torrara a planta qual queimara o galho;
E a pobre nunca reviver pudera
Chovesse embora paternal orvalho!

II

Ai! se eu te visse no calor da sesta,
a mão tremente no calor das tuas,
Amarrotado o teu vestido branco,
Soltos cabelos nas espáduas nuas!...

Ai se eu te visse, Madalena pura,
Sobre o veludo reclinada a meio,
Olhos cerrados na volúpia doce,
Os braços frouxos — palpitante o seio!...

Ai! se eu te visse em languidez sublime,
Na face as rosas virginais do pejo,
Trêmula a fala a protestar baixinho...
Vermelha a boca, soluçando um beijo!...

Diz: — que seria da pureza d'anjo,
Das vestes alvas, do candor das asas?
— Tu te queimaras, a pisar descalça,
— Criança louca, — sobre um chão de brasas!

No fogo vivo eu me abrasara inteiro!
Ébrio e sedento na fugaz vertigem
Vil, machucara com meu dedo impuro
As pobres flores da grinalda virgem!

Vampiro infame, eu sorveria em beijos
Toda a inocência que teu beijo encerra,
E tu serias no lascivo abraço
Anjo enlodado nos paus da terra.

Depois... desperta no febril delírio,
— Olhos pisados — como um vão lamento,
Tu perguntarias: — qu'é da minha c'roa?...
Eu te diria: — desfolhou-a o vento!...

Oh! não me chames coração de gelo!
Bem vês: traí-me no fatal segredo.
Se de ti fujo é que te adoro e muito,
És bela — eu moço; tens amor, eu — medo!...

Outubro, 1858

PERDÃO

I

Choraste?! — E a face mimosa
Perdeu as cores da rosa
E o seio todo tremeu?!
Choraste, pomba adorada?!
E a lágrima cristalina
Banhou-te a face divina
E a bela fronte inspirada
Pálida e triste pendeu?!

Choraste?! — E longe não pude
Sorver-te a lágrima pura
Que banhou-te a formosura!
Ouvir-te a voz de alaúde
A lamentar-se sentida!
Humilde cair-te aos pés,
Oferecer-te esta vida
No sacrifício mais santo,
Para poupar esse pranto
Que te rolou sobre a tez!

Choraste?! — De envergonhada,
No teu pudor ofendido,
Porque minh'alma atrevida
No seu palácio de fada,
— No sonhar da fantasia —
Ardeu em loucos desejos,
Ousou cobrir-te de beijos
E quis manchar-te na orgia!
[...]

II

Perdão pr'o pobre demente
Culpado, sim, — inocente —
Que se te amou, foi demais!
Perdão pra mim que não pude
Calar a voz do alaúde,
Nem comprimir os meus ais!

Perdão oh! flor dos amores,
Se quis manchar-te os verdores,
Se quis tirar-te do hastil!
— Na voz que a paixão resume
Tentei sorver-te o perfume...
E fui covarde e fui vil!...
[...]

III

Eu sei, devera sozinho
Sofrer comigo o tormento
E na dor do pensamento
Devorar essa agonia!
— Deverá, sedento algoz,
Em vez de sonhos felizes,
Cortar no peito as raízes
Desse amor, e tão descrido
Dos hinos matar-lhe a voz!

— Devera, pobre fingido,
Tendo n'alma atroz desgosto,
Mostrar sorrisos no rosto,
Em vez de mágoas — prazer,
E mudo e triste pensando,
Como um perdido te amando,
Sentir, calar-me e — morrer!
[...]

Não pude! — A mente fervia,
O coração transbordava,
Interna voz me falava,
E louco ouvindo a harmonia
Que a alma continha em si,
Soltei na febre o meu canto
E do delírio no pranto
Morri de amores — por ti!
[...]

IV

Perdão! se fui desvairado
Manchar-te a flor d'inocência,
E do meu canto n'ardência
Ferir-te no coração!
— Será enorme o pecado,
Mas tremenda a expiação
Se me deres por sentença
Da tua alma a indiferença,
Do teu lábio a maldição!...
[...]

Perdão, senhora!... Perdão!...

Junho, 1858

MINH'ALMA É TRISTE

Mon coeur est plein — ja veux pleurer!
LAMARTINE

I

Minh'alma é triste como a rola aflita
Que o bosque acorda desde o albor da aurora,
E em doce arrulo que o soluço imita
O morto esposo gemedora chora.

E, como a rola que perdeu o esposo,
Minh'alma chora as ilusões perdidas,
E no seu livro de fanado gozo
Relê as folhas que já foram lidas.

E como notas de chorosa endeixa
Seu pobre canto com a dor desmaia,
E seus gemidos são iguais à queixa
Que a vaga solta quando beija a praia.

Como a criança que banhada em prantos
Procura o brinco que levou-lhe o rio,
Minh'alma quer ressuscitar nos cantos
Um só dos lírios que murchou o estio.

Dizem que há gozos nas mundanas galas,
Mas eu não sei em que o prazer consiste.
— Ou só no campo, ou no rumor das salas,
Não sei por que — mas a minh'alma é triste!

II

Minh'alma é triste como a voz do sino
Carpindo o morto sobre a laje fria;
E doce e grave qual no templo um hino,
Ou como a prece ao desmaiar do dia.

Se passa um bote com as velas soltas,
Minh'alma o segue n'amplidão dos mares;
E longas horas acompanha as voltas
Das andorinhas recortando os ares.

Às vezes, louca, num cismar perdida,
Minh'alma triste vai vagando à toa,
Bem como a folha que do sul batida
Bóia nas águas de gentil lagoa!

E como a rola que em sentida queixa
O bosque acorda desde o albor da aurora,
Minh'alma em notas de chorosa cadeixa
Lamenta os sonhos que já tive outrora.

Dizem que há gozos no correr dos anos!...
Só eu não sei em que o prazer consiste.
— Pobre ludíbrio de cruéis enganos,
Perdi os risos — a minh'alma é triste!

III

Minh'alma é triste como a flor que morre
Pendida à beira do riacho ingrato;
Nem beijos dá-lhe a viração que corre,
Nem doce canto o sabiá do mato!

E como a flor que solitária pende
Sem ter carícias no voar da brisa,
Minh'alma murcha, mas ninguém entende
Que a pobrezinha só de amor precisa!

Amei outrora com amor bem santo
Os negros olhos de gentil donzela,
Mas dessa fronte de sublime encanto
Outro tirou a virginal capela.

Oh! quantas vezes a prendi nos braços!
Que o diga e fale o laranjal florido!
Se mão-de-ferro espedaçou dois laços
Ambos choramos mas num só gemido!

Dizem que há gozos no viver d'amores,
Só eu não sei em que o prazer consiste!
— Eu vejo o mundo na estação das flores...
Tudo sorri — mas a minh'alma é triste!

IV

Minh'alma é triste como o grito agudo
Das arapongas no sertão deserto;
E como o nauta sobre o mar sanhudo,
Longe da praia que julgou tão perto!

A mocidade no sonhar florida
Em mim foi beijo de lasciva virgem:
— Pulava o sangue e me fervia a vida.
Ardendo a fronte em bacanal vertigem.

De tanto fogo tinha a mente cheia!...
No afã da glória me atirei com ânsia...
E, perto ou longe, quis beijar a s'reia
Que em doce canto me atraiu na infância.

Ai! loucos sonhos de mancebo ardente!
Esp'ranças altas... Ei-las já tão rasas!...
— Pombo selvagem quis voar contente...
Feriu-me à bala no bater das asas!

Dizem que há gozos no correr da vida...
Só eu não sei em que o prazer consiste!
— No amor, na glória, na mundana lida,
Foram-se as flores — a minh'alma é triste!

Março, 1858

INFÂNCIA

Ó anjo da loura trança,
    Que esperança
Nos traz a brisa do sul!
— Correm brisas das montanhas...
    Vê se apanhas
A borboleta de azul!...

Ó anjo da loura trança,
    És criança,
A vida começa a rir.
— Vive e folga descansada.
    Descuidada
Das tristezas do porvir.

Ó anjo da loura trança,
    Não descansa
A primavera inda em flor;
Por isso aproveita a aurora
    Pois agora
Tudo é riso e tudo amor.

Ó anjo da loura trança,
    A dor lança
Em nossa alma agro descer.
— Que não encontres na vida
    Flor querida,
Senão contínuo prazer.

Ó anjo da loura trança,
    A onda é mansa
O céu é lindo dossel;
E sobre o mar tão dormente,
    Docemente
Deixa correr teu batel.

Ó anjo da loura trança,
    Que esperança
Nos traz a brisa do sul!
— Correm brisas das montanhas...
    Vê se apanhas
A borboleta de azul!...

Rio, 1858

NO JARDIM
CENA DOMÉSTICA

Tête sacrée! enfant aux cheveux blonds!
VICTOR HUGO

Ela estava sentada em meus joelhos
E brincava comigo — o anjo louro,
E passando as mãozinhas no meu rosto
Sacudia rindo os seus cabelos d'ouro.

E eu, fitando-a, abençoava a vida!
Feliz sorvia nesse olhar suave
Todo o perfume dessa flor da infância,
Ouvia alegre o gazear dessa ave!

Depois, a borboleta da campina
Toda azul — como os olhos grandes dela —
A doudejar gentil passou bem junto
E beijou-lhe da face a rosa bela.

— Oh! como é linda! disse o louro anjinho
No doce acento da virgínea fala —
Mamãe me ralha se eu ficar cansada
Mas — dizia a correr — hei de apanhá-la! —

Eu segui-a chamando-a, e ela rindo
Mais corria gentil por entre as flores,
E a — flor dos ares — abaixando o vôo
Mostrava as asas de brilhantes cores.

Iam, vinham, à roda das acácias,
Brincavam no rosal, nas violetas,
E eu de longe dizia: — Que doidinhas!
Meu Deus! meu Deus! são duas borboletas!...

Dezembro, 1858

HORAS TRISTES

Eu sinto que esta vida já me foge
    Qual d'harpa o som final,
E não tenho, como o náufrago nas ondas
    Nas trevas um fanal!

Eu sofro e esta dor que me atormenta
    É um suplício atroz
E pra contá-la falta à lira cordas
    E aos lábios meus a voz!

Às vezes, no silêncio da minh'alma
    Da noite na mudez
Eu crio na cabeça mil fantasmas
    Que aniquilo outra vez!

Dói-me inda a boca que queimei sedento
    Nas esponjas de fel,
E agora sinto no bulhar da mente
    A torre de Babel!

Sou triste como o pai que as belas filhas
    Viu lânguidas morrer,
E já não pousam no meu rosto pálido
    Os risos do prazer!

E, contudo, meu Deus! eu sou bem moço,
    Devera só me rir,
E ter fé e ter crença dos amores,
    Na glória e no porvir!

Eu devera folgar nesta natura
    De flores e de luz,
E, mancebo, voltar-me pr'o futuro
    Estrela que seduz!

Agora em vez dos hinos d'esperança,
    Dos cantos juvenis,
Tenho a sátira pungente, o riso amargo,
    O canto que maldiz!

Os outros, — os felizes deste mundo,
    Deleitam-se em saraus;
Eu solitário sofro e odeio os homens,
    Pra mim são todos maus!

Eu olho e vejo... — a veiga é de esmeralda,
    O céu é todo azul.
Tudo canta e sorri... só na minh'alma
    O lodo dum paul!

Mas se ela — a linda filha do meu sonho,
    A pálida mulher
Das minhas fantasias, dos seus lábios
    Um riso, um só me der;

Se a doce virgem pensativa e bela,
— A pudica vestal
Que eu criei numa noite de delírio
Ao dom da saturnal;

Se ela vier enternecida e meiga
Sentar-se junto a mim;
Se eu ouvir sua voz mais doce e terna
Que um doce bandolim;

Se o seu lábio afagar a minha fronte
— Tão férvido vulcão!
E murmurar baixinho ao meu ouvido
As falas da paixão;

Se cair desmaiada nos meus braços
Morrendo em languidez;
Decerto remoçado, alegre e louco
Sentira-me talvez!...

Talvez que eu encontrasse as alegrias
Dos tempos que lá vão,
E afogasse na luz da nova aurora
A dor do coração!

Talvez que nos meus lábios desmaiados
Brilhasse o seu sorrir,
E de novo, meu Deus, tivesse crença
Na glória e no porvir!

Talvez minh'alma ressurgisse bela
    Aos raios desse sol,
E nas cordas da lira seus gorjeios
    Trinasse um rouxinol!

Talvez então que eu me pegasse à vida
    Com ânsia e com ardor,
E pudesse aspirando os seus perfumes
    Viver do seu amor!

Pra ela então seria a minha vida,
    A glória, os sonhos meus;
E dissera chorando arrependido:
    — Bendito seja Deus! —

Abril, 1858

DORES

Há dores fundas, agonias lentas,
Dramas pungentes que ninguém consola,
    Ou suspeita sequer!
Mágoas maiores do que a dor dum dia,
Do que a morte bebida em taça morna
    De lábios de mulher!

Doces falas de amor que o vento espalha,
Juras sentidas de constância eterna
    Quebradas ao nascer;
Perfídia e olvido de passados beijos...
São dores essas que o tempo cicatriza
    Dos anos no volver.

Se a donzela infiel nos rasga as folhas
Do livro d'alma, magoado e triste
    Suspira o coração;
Mas depois outros olhos nos cativam,
E loucos vamos em delírios novos
    Arder noutra paixão.

Amor é o rio claro das delícias
Que atravessa o deserto, a veiga, o prado,
    E o mundo todo o tem!
Que importa ao viajor que a sede abrasa,
Que quer banhar-se nessas águas claras,
    Ser aqui ou além?

A veia corre, a fonte não se estanca,
E as verdes margens não se crestam nunca
    Na calma dos verões;
Ou quer na primavera, ou quer no inverno,
No doce anseio do bulir das ondas
    Palpitam corações.

Não! a dor sem cura, a dor que mata,
É, moço ainda, e perceber na mente
    A dúvida a sorrir!
É a perda dura dum futuro inteiro
E o desfolhar sentido das gentis coroas,
    Dos sonhos do porvir!

É ver que nos arrancam uma a uma
Das asas do talento as penas de ouro,
    Que voam para Deus!
É ver que nos apagam d'alma as crenças
E que profanam o que santo temos
    Co'o riso dos ateus!

É assistir ao desabar tremendo,
Num mesmo dia, d'ilusões douradas,
    Tão cândidas de fé!
É ver sem dó a vocação torcida
Por quem devera dar-lhe talento e vida
E respeitá-la até!

É viver, flor nascida nas montanhas,
Para aclimar-se, apertada numa estufa
À falta de ar e luz!
É viver, tendo n'alma o desalento,
Sem um queixume, a disfarçar as dores
Carregando a cruz!

Oh! ninguém sabe como a dor é funda,
Quanto pranto s'engole e quanta angústia
A alma nos desfaz!
Horas há em que a voz quase blasfema...
E o suicídio nos acena ao longe
Nas longas saturnais!

Definha-se a existência a pouco e pouco,
E ao lábio descorado o riso franco
Qual dantes, já não vem;
Um véu nos cobre de mortal tristeza,
E a alma em luto, despida dos encantos,
Amor nem sonhos tem!

Murcha-se o viço do verdor dos anos,
Dorme-se moço e despertamos velho,
Sem fogo para amar!
E a fronte jovem que o pesar sombreia
Vai, reclinada sobre um colo impuro,
Dormir no lupanar!

Ergue-se a taça do festim da orgia,
Gasta-se a vida em noites de luxúria
   No leito dos bordéis,
E o veneno se sorve a longos tragos
Nos seios brancos e nos lábios frios
   Das lânguidas Frinés!

Esquecimento! — mortalha para as dores —
Aqui na terra é a embriaguez do gozo,
   A febre do prazer:
A dor se afoga no fervor dos vinhos,
E no regaço das Marcôs modernas
   É doce então morrer!

Depois o mundo diz: — Que libertino!
A fogar no delírio dos alcouces
   As asas empanou! —
Como se ele, algoz das esperanças,
As crenças infantis e a vida d'alma
   Não fosse quem matou!...
[...]

Oh! há dores tão fundas como o abismo,
Dramas pungentes que ninguém consola
   Ou suspeita sequer!
Dores na sombra, sem carícias d'anjo,
Sem voz de amigo, sem palavras doces,
   Sem beijos de mulher!...

Rio, 1858

DESEJOS

Se eu soubesse que no mundo
Existia um coração,
Que só por mim palpitasse
De amor em terna expansão;
Do peito calara as mágoas,
Bem feliz eu era então!

Se essa mulher fosse linda
Como os anjos lindos são,
Se tivesse quinze anos,
Se fosse rosa em botão,
Se inda brincasse inocente
Descuidosa no gazão;

Se tivesse a tez morena,
Os olhos com expressão,
Negros, negros, que matassem,
Que morressem de paixão,
Impondo sempre tiranos
Um jugo de sedução;

Se as tranças fossem escuras,
Lá castanhas é que não,
E que caíssem formosas
Ao sopro da viração,
Sobre uns ombros torneados,
Em amável confusão;

Se a fronte pura e serena
Brilhasse d'inspiração,
Se o tronco fosse flexível
Como a rama do chorão,
Se tivesse os lábios rubros,
Pé pequeno e linda mão;

Se a voz fosse harmoniosa
Como d'harpa a vibração,
Suave como a da rola
Que geme na solidão,
Apaixonada e sentida
Como do bardo a canção;

E se o peito lhe ondulasse
Em suave ondulação,
Ocultando em brancas vestes
Na mais branda comoção
Tesouros de seios virgens,
Dois pomos de tentação;

E se essa mulher formosa
Que me aparece em visão,
Possuísse uma alma ardente,
Fosse de amor um vulcão;
Por ela tudo daria...
— A vida, o céu, a razão!

CONFISSÃO

Senhora, há tempos que sinto
Em mim mui grande mudança,
Que eu vos direi, — na esperança
Que ma possais explicar:
— De noite eu sinto e percebo
(Não me chameis de pachola)
Rolando idéias na bola
Como baleias no mar!

Às vezes fico pensando
Sem saber mesmo o que faça,
Como tonto da fumaça
Dum bom charuto espanhol;
E assim me conservo mudo,
Olhos fitos, boca aberta,
Como acontece à Esperta
Espreguiçando-se ao sol!

Eu desconfio, senhora,
Que atravessado da seta
Eu vou virando poeta
Como o corneta em tambor;
E creio que esta mudança
Que me causa mil espantos
Não é milagre de santos,
Mas sim milagre de amor!

O deus Cupido, que é fino
E gosta de brincadeiras,
Já me fez jurar bandeiras
No regimento onde está;
Filou-me d'unhas e dentes,
Atou-me os pés com embira,
Do miolo fez-me lira,
Da cabeça um samburá;

O Anjo da poesia
Passando por São Domingos,
Deixou-me cair três pingos
Do licor que os nomes têm;
Pode ser que fosse engano,
Mas eu que não sou pateta
O meu condão de poeta
Não irei dá-lo a ninguém.

Eu tenho cobras no peito
Que me mordem noite e dia,
E já não há água fria
Que me apague este vulcão.
— As labaredas aumentam,
E sinto, senhora, eu mesmo,
Já reduzido a torresmo
O meu pobre coração!

Por vós senhora é que eu sofro,
Por vós senhora é que eu penso,
Por vosso rosto moreno,
Por vossos olhos gentis;
E visto sofrer eu tanto;
Se tu, himeneu, me tardas
Eu vejo-me em calças pardas
Com esta paixão infeliz!

Senhora, amai-me sincera,
Abrandai do peito a frágua,
Pois sabeis que à força d'água
Se amolece pedra e pau.
— Amai-me que eu vos prometo
Banhado em ondas de gosto
Imortalizar vosso rosto
Ao som do meu marimbau!

Senhora, sede indulgente
Pra quem por vós sofreria
Mil mil mortes num mesmo dia.
Guerra, pestes, sedes, fomes;
E lembrai-vos dos protestos
De quem se assina gostoso

Vosso servo respeitoso,
João Isaías Gomes.

2 de Julho

GOIVOS

I

Deixai-me; quero desfolhar uns goivos,
Imagem da minha alma, flores tristes,
E contar-vos mistérios dos sepulcros.

Não, não foi sonho; foi saudade tudo,
E ao lembrar-se, a minha alma se estremece
Como as cordas feridas duma harpa.

II

Era noite. Na viração da tarde
De longe vinha compassada e grave
A voz do bronze santo do mosteiro
Batendo ave-marias. Majestosa,
Lá dos serros d'além surgia a lua
Qual lâmpada celeste sobre a Terra
Pelas asas dos anjos suspendida.
A natureza inteira respirava
Esse perfume agreste e terno e doce
Que nas noites de maio exalam flores;
Do espaço as brisas sussurravam mansas,
Queixosa e triste murmurava a fonte,
O mar ao longe na deserta praia
Uma após outra espreguiçava as vagas
Com voz plangente, qual a voz saudosa
Da pobre mãe a lamentar o filho;

No firmamento os engastados lumes
Frouxos tremiam, quase mortos, pálidos,
E um murmúrio suave, indefinível,
Um queixume d'amor e de saudade,
Dos bosques e do céu, do mar, de tudo,
Manso e mudo subia aos pés do Eterno.

Tudo era triste e só! Minha alma imersa
Em dor profunda e grande e santa e bela,
Achando um não sei quê de belo e santo
Nessa doce tristeza que falava
Com voz tão terna ao coração enfermo;
Achando um eco doloroso e longo
Às grandes mágoas que meu peito enchiam,
A minha alma, a minha alma desolada,
Qua a rola viúva que suspira,
Um momento da terra desprendida,
Serena e pura como um canto triste,
Vagava bela em regiões amenas...

* * *

Oh! nesse instante d'êxtase sublime,
Olhos fitos no céu, senti bem vivo,
Meu pensamento vaporoso e leve
Como essas nuvens que circundam lagos,
Remontar-se qual águia nas alturas,
E voar, e perder-se nos espaços
Como a nota d'um hino no alaúde,
Como o rolo d'incenso nos altares,
Como a prece cristã em lábios virgens!
Vi Deus, cercado d'esplendores santos,
Sorrir-se aos anjos que tiravam belas

De harpas divinas melodias d'anjos,
Vi as donzelas que se finam tristes,
Flexíveis lírios, no verdor dos anos,
Sem sentirem do amor o gozo e as dores,
Vi-as quais cisnes de nevada alvura,
Borboletas do céu esvoaçando
Sobre jardins d'esplêndidas belezas,
Vi-as justas, em prêmio da virtude,
Resplendentes de vestes luminosas
Cingida a fronte d'auréola viva,
Sentadas nos degraus aos pés da Virgem;
E mudo e crente ouvi com santidade
O hino imenso, o cântico sublime,
O majestoso Coro de harmonias
Que o céu cantava!...........................
.... Mas depois meus olhos
Da luz divina turvos, se volveram,
E vi ao longe... muito ao longe... o mundo!
Caí do Éden sobre um charco impuro,
Desci do céu às regiões da terra,
Vivi de novo a minha vida antiga,
Sumiu-se o mundo, qu'eu criara em sonhos.
E ao despertar d'esse delírio belo,
A minha alma chorou qual chora o infante
Quando perde o seu brinco na corrente...

* * *

O mundo! E o que é o mundo?... Abismo imenso,
Precipício bordado de boainas,
Regato cristalino que envenena,
Sedutora sereia que nos perde,

Ímã que nos atrai e nos consome,
Lodaçal rescendente de perfumes,
Inferno de delícias, mas inferno!
O mundo! que escarnece da desgraça,
Que ri-se louco dos afetos puros,
Que não crê na paixão, que insulta os prantos,
Que desfolha uma a uma, frio, lento,
As mais formosas ilusões da vida,
Que com riso feroz abafa e mata
O grito fraco que do peito foge
Tímido e manso como a voz da brisa,
Que em espinhos converte as rosas frescas
Que na quadra d'amor matizam sonhos,
Que ao lado desses sonhos feiticeiros,
Repletos todos de perfumes magos,
Pausado e lento qual espectro horrendo,
Com mão sinistra vem gravar — mentira!

* * *

O mundo é mau! e quem deveras sofra
Não queira nos salões carpir saudades
Que em paga dos suspiros e gemidos
Ouvirá do sarcasmo as gargalhadas
Ruidosas retumbando nesses trechos
Que os reflexos do ouro à luz esparzem.
Verá muita miséria e muita infâmia,
E poucas vezes corações sentidos
Que compreendam as alheias dores.

* * *

Que importa ao mundo que o mendigo chore
Esfomeado e nu pedindo esmola?
Folgam os ricos nos saraus e festas,
Da volúpia nos gozos se embriagam,
Dormem felizes em dourados leitos,
E sobre a enxerga reclinado o pobre
Morto de fome, vai dormir na campa!
Que importa ao mundo que a mulher perdida
Se recorde chorando desses tempos
Em que, virgem formosa, se embalava
Entre as delícias dum primeiro afeto,
Qual se balança da campina a rosa
Pelas auras da tarde bafejada?
— O mundo que a perdeu, passa sorrindo;
A turba desvairada, em seu delírio,
Em vez de compaixão dá-lhe motejos,
E a flor perdida, a rosa desmaiada,
Ao vento das paixões desprende as folhas!
Que importa ao mundo que o poeta gema
E, cedro altivo pela dor ferido,
Novo Davi se lamente em carmes?
— O mundo escuta e não entende o choro
Que transbordando se desata em cantos;
E o pobre poeta, como a flor do vale,
À mingua de calor, de luz, de seiva,
Pálido lírio, pende a fronte e murcha!

* * *

Não; aquele que sofrer, fuja das turbas,
Venha só, embrenhar-se nas florestas,
Sentar-se à sombra dos Ipês gigantes,
Ou trepado na crista das montanhas,
Javali acossado das matilhas,

Solitária araponga do deserto,
Venha nas horas em que morre o dia,
Aos longos ecos dessas matas virgens,
Soltar os gritos d'alma.

* * *

..................Quantas vezes,
Monge fugido às tentações do mundo,
Não fui saudoso meditar nos ermos!
Nos lânguidos momentos em que a terra
Ao clarão do luar meiga adormece;
Do crepúsc'lo nas horas duvidosas
Em que a fonte suspira e geme o bronze;
Da quebrada da serra olhando as ondas
E meio envolto em nevoeiro tênue
Como o defunto na mortalha branca
Em longos devaneios longos longos
Enfermo o pensamento, quantas vezes
Por entre a névoa não criou fantasmas,
E do passado não senti as sombras
Surgirem belas ante mim de novo!

* * *

Solidão! Solidão! Bendita sejas

BIBLIOGRAFIA

Além de *Primaveras*, publicado em 1859, tipografia Paulo Brito, Rio de Janeiro, Casimiro publicou *Camões e Jaú*, cena dramática em versos brancos, tipografia de O Panorama, 1856, Lisboa.

Deixou também *Camila — Memórias duma Viagem*, romance inacabado, publicado na revista *A Ilustração Brasileira*, Lisboa, 1856; *A Virgem Loura — Páginas do Coração*, publicado no *Correio Mercantil*, Rio de Janeiro, em 1857, prosa poética; e *Revista do Ano* (revista teatral, que não chegou a ser montada, e foi publicada postumamente).

Além disso, poemas vários aparecidos em jornais e revistas, que por um motivo ou outro não entraram em *Primaveras*.

Impresso nas oficinas da
Gráfica Palas Athena